Anbefalinger til udvikling af bæredygtighed i almene boliger

Jan Johansson

Anbefalinger til udvikling af bæredygtighed i almene boliger

Korrektur: Ane Hastrup-Johansson
Layout og fotos: Jan Johansson
Forlag: Books on Demand – København, Danmark
Fremstilling: Books on Demand – Norderstedt, Tyskland
Bogen er fremstillet efter on-Demand-proces
ISBN 978-87-4301-439-3

Indhold

7   **Introduktion**

11   **Undersøgelsen**

15   **Brugerinvolvering**
19   **Rammebeløbet**
21   **Viden og information**
27   **Narrativer og lokal kontekst**
31   **Æstetik**
35   **Teknologi**
39   **Synliggørelse og adfærd**
42   **Tilgængelighed, sikkerhed og tryghed**
44   **Kommunikation**
49   **Fællesskab og privathed**
53   **Øget selvforvaltning**
57   **Omdannelse**

60   **Afrundning**

63   **Fotos**

Introduktion

Bæredygtighed er samfundsmæssigt på dagsordenen i byggeriet, og det er et udfordrende tema for myndigheder, bygherrer og arkitekter rundt omkring i verden. Bygninger og brugerne forbruger energi og ressourcer, der skaber affald i stor skala, og vi er bundet op på de aktuelle byggemetoder i forhold til ressource- og energiforbrug, affaldsemissioner og miljømæssige skader.

Når vores bygninger er dårligt designet, efterlader det en varig arv til den næste generation, der trækker negative sociale-, økonomiske- og miljømæssige bivirkninger med sig. Den komplekse og udfordrende dagsorden for bæredygtighed kræver grundlæggende ændring i vores forståelse af naturen, formålet med bygningerne, arkitekternes- og bygherrens rolle og ikke mindst, hvilken rolle brugerne af bygningerne har.

Brugernes vaner, adfærd og livsstil i hverdagspraksis er emner til diskussion, som direkte konsekvens af de miljømæssige udfordringer Danmark og resten af verden står overfor. Det bliver med ét slag vores egen kultur, der er omdrejningspunkt for debatten. Hvis vores egen kultur kan forandres, som en konsekvens af de miljømæssige problemer, vil det før eller siden influere på det arkitektoniske design som afspejling af vores kulturelle- og sociale værdier.

For at imødekomme disse komplekse udfordringer har danske arkitekter og den almene sektor gennem årene givet forskellige arkitektoniske bud på udformningen af bæredygtige almene boliger for at imødekomme en bæredygtig omstilling.

Udfordringerne er, at bæredygtige almene boliger typisk er anderledes i deres konstruktion end almindeligt byggeri. Bæredygtigt byggeri kan være anderledes i forhold til opvarmning, udluftning, anvendte teknologier m.v. Det indebærer, at disse boliger også er anderledes mht. den fornødne viden og håndtering af de driftsmæssige forhold.

Det kan eksempelvis være problematisk, hvis brugerne i danske almene boliger ikke har det fornødne kendskab til funktionaliteten af byggeriets bæredygtige intentioner.

Og samtidig kan valget af almindelige borgere som målgruppe til den type byggeri derfor indebære et behov for at informere og involvere borgerne (her beboerne), således at intentionerne bag bæredygtighed kommer til at fungere. De indbyrdes relationer mellem beboere, driftspersonale og driftsadministration er dermed sat på en altafgørende prøve for at imødekomme principperne og intentionerne bag bæredygtigt byggeri.

På bæredygtighedsområdet er der foretaget en lang række evalueringer af alment byggeri ud fra kvantitative kriterier. Forståelse af de kvalitative værdiers betydning for brugernes velvære og trivsel er imidlertid også en vigtig nøgle til at sikre en bygnings ressource-forbrug gennem hele dens levetid. Det er vigtigt, at de bæredygtige tiltag forankres i brugernes hverdag, så der derved opstår et aktivt ejerskab til dem.

Dette kræver bredere helhedsbetragtninger på bygninger og bebyggelser som del af en kulturel- og social kontekst og derfor også afprøvning af metoder til beskrivelse af brugernes kvalitative erfainger med bæredygtigt byggeri.

For at sikre et samlet billede af en almen boligbebyggelses bæredyg-tighed, både i et aktuelt- og langtidsperspektiv, er det vigtigt, at de æstetiske, kulturelle og sociale kvaliteter vægtes lige så højt som eksempelvis dens byggetekniske egenskaber, dens økonomiske rentabilitet og dens beregnede og målte energiforbrug.

Denne bog søger derfor at bidrage med ny viden, hvor både bygher-rernes og arkitekternes vurderinger af brugerenes erfaringer med bæredygtighed systematisk og fyldestgørende er blevet analyseret og beskrevet og dermed gjort operationel i både et vurderings- og udviklingsperspektiv.

Undersøgelsen

Anbefalingerne til udvikling af bæredygtighed i danske almene boliger er baseret på forskningsresultater fra undersøgelse af tre familievenlige og bæredygtige almene rækkehusbebyggelser i Danmark.

Det er i en dansk kontekst tale om tre flagskibsprojekter, som alle enten er blevet præmierede, eller har fået hædrende omtale for deres innovative bidrag som bæredygtig arkitektur. Bebyggelserne er samtidig afgrænset til kun at omfatte såkaldt "nybyggeri". Det skal forstås på den måde, at selvom bebyggelserne kan være af ældre dato, har ingen af de udvalgte bebyggelser endnu været omfattet af gennemgribende renovering eller ombygning, der slører den oprindelige arkitektur samt intentioner bag bæredygtighed.

De tre bebyggelser er beliggende i henholdsvis Ikast (Økohus 99), Lystrup (Lærkehaven III) og København (Grøndalsvænge). De tre bebyggelser repræsenterer på hver sin måde forskellige principper og retninger indenfor bæredygtig arkitektur (økologi, passivhus standard og AlmenBolig+ med øget selvforvaltning).

"Økohus 99" er beliggende i Midtjylland i byen Ikast med 67 km til Århus. "Økohus 99" er resultatet af en arkitektkonkurrence, med opførelse af det man kunne kalde 1. generations lavenergi rækkehuse med økologiske tiltag. De typiske karakteristika i forhold til bæredygtighed er det zoneopdelte hus med udnyttelse af passiv solvarme. Bebyggelsen har rodzoneanlæg og vandkanaler, der samtidig medvirker til boligernes afkøling. Intentionerne i arkitekturen medfører en større grad af brugerinvolvering for at få intentionerne til at fungere.

"Lærkehaven III" ligger i Lystrup ca. 14 km nord for Århus. I forhold til bæredygtighed er der tale om højisolerede huse baseret på principperne om lavenergihuse efter det tyske Passivhus koncept. "Lærkehaven III" har et mindre krav til beboerinvolvering for at få intentionerne til at fungere.

"Økohus 99", Ikast "Lærkehaven III", Lystrup "Grøndalsvænge", København

"Grøndalsvænge" er beliggende i Københavns Nordvest-kvarter på grænsen til Frederiksberg Kommune. Rækkehusene er en del af AlmenBolig+ konceptet udført af præfabrikerede rumstore elementer. Der er krav til en øget beboerinvolvering i forhold til drift- og vedligeholdelse af bebyggelsen, hvilket afspejler den sociale dimension i forhold til bæredygtighed. "Grøndalsvænge"-bebyggelsen er endvidere opført som lavenergibyggeri.

Beboere, driftspersonale og driftsadministrative er valgt som interviewpersoner, fordi undersøgelsen drejer sig om driftsmæssige problemstillinger i forhold til brugen af det bæredygtige byggeri.

Initiativtagere/bygherrer og arkitekter er udvalgt som interviewpersoner, da der søges efter ny viden, som dels kan rammesætte brugernes erfaringer men også perspektivere resultaterne med henblik på reelt udviklingspotentiale.

Projektets undersøgelsesdesign har en fænomenologisk videnskabsteoretisk tilgang. Som metode benyttes en kombination af dybde- og fokusgruppeinterviews med en åben og fænomenologisk tilgang. I undersøgelsesdesignet er der anvendt en kombinationen af flere interviewmetoder, hvilket fungerer som triangulering, der kan bidrage til anbefalingernes validitet og generaliserbarhed.

Denne bog har fokusering på resultaternes nytteværdi. Hvad er der observeret, og hvilke konklusioner giver analysen, der kan være vigtige både som generalisérbare udsagn på tværs af cases og som perspektivrige casespecifikke iagttagelser.

I valget af et lille antal cases med maksimum variation vil dataindsamlingen og dataanalysen indeholde to typer resultater: For det første give detaljerede beskrivelser af de specifikke cases, som kan dokumentere unikke træk ved den enkelte case. For det andet vise vigtige fælles mønstre på tværs af casene og få afgørende betydning (signifikans), fordi de opstår på baggrund af heterogenitet.

Valget af et lille antal cases med maksimum variation dokumenterer derfor variation og identificerer fælles mønstre. Denne bog inderholder således generalisérbare anbefalinger, der er fundet gennem analyser på tværs af cases og perspektivrige casespecifikke iagttagelser.

Brugerinvolvering

På tværs af de tre cases tegner der sig et mønster af en manglende involvering af beboere, driftspersonale og driftsadministration, når bæredygtige almene boliger programmeres og idéudvikles. I forhold til beboernes "stemme" har den været repræsenteret gennem enten den lokale kommunalbestyrelse, hovedbestyrelsens beboerrepræsentanter eller af selskabsbestyrelsens beboerrepræsentation.

Den manglende brugerinvolvering viser vigtige fælles mønstre på tværs af casene og kan få afgørende betydning (signifikans), fordi de opstår på baggrund af heterogenitet.

Der foreslås, at man med fordel kan anvende brugererfaringerne i udviklingen af fremtidige bæredygtige almene boliger med henblik på en styrkelse af den brugerinddragende proces. Argumentet er, at en større grad af brugerinddragelse respekterer andre menneskers erfaringer som værende et bidrag til udviklingen af nye projekter. Derudover at en tidlig brugerinddragelse kan styrke projektejerskabet, fællesskabet samt den sociale bæredygtighed.

Initiativtagerne, bygherrer og forretningsførende selskaber bør have en særlig opmærksomhed på at involvere alle brugerne eksempelvis via et "brugerpanel". En tidlig brugerinvolvering skal således anvende driftsadministrationens- og driftspersonalets erfaringer samt respektere beboernes idéer, drømme og ønsker for deres boliger.

Det vil derfor være hensigtsmæssigt, at de tre brugergrupper involveres gennem alle af projektets udviklings- og beslutningsprocesser - også med repræsentation af nye kommende beboerne. Det betyder, at de tre brugergrupper fremadrettet bl.a. bør have en reel indflydelse på den nedskrevne tekst i programmeringsfasen, som danner basis for den efterfølgende arkitektkonkurrence, involvering i idéfasen der kan få indflydelse på arkitekturen, involvering i kontraheringsfasen hvor bl.a. de økonomiske beslutninger træffes, involvering i idriftsættelsesfasen med overlevering af viden og information samt involvering i driftsfasen med den fortløbende erfaringsudveksling.

Brugerinvolvering kan fremme den sociale bæredygtighed, hvilket er en væsentlig faktor i forhold til, at intentionen bag et projekts bæredygtighed efterfølgende skal have beboernes ejerskab og interesse for at komme til at fungere efter intentionerne.

Som element i den tredelte forståelsesmodel, indskriver brugerinvolvering sig som social bæredygtighed. Pointen er, at social bæredygtighed er ligeså vigtig en parameter i bæredygtigt alment boligbyggeri såvel som den økonomiske- og miljømæssige bæredygtighed. Gennem større brugerinvolvering anlægges der således en bredere helhedsbetragtning med afsæt i en diskurs, hvor den sociale bæredygtighed understøtter den tredelte forståelsesmodel.

Rammebeløbet

I bebyggelserne "Økohus 99" og "Lærkehaven III" er der fælles træk, hvor initiativtagernes, bygherrernes og arkitekternes høje ambitioner til bæredygtige almene boliger har været højere, end rammebeløbet kunne honorere. På trods af ekstraordinær forhøjelse af rammebeløbet, har de opnåede resultater stadigvæk ikke stået mål med de høje ambitioner.

Rammebeløbets økonomiske begrænsninger udfordrer de bæredygtige almene boligers arkitektoniske kvaliteter herunder bl.a. materialernes livscyklus samt vedligeholdelses- og driftsomkostninger. Billiggørelsen kan derved blive en barriere for den bæredygtige økonomiske- og miljømæssige diskurs men også hæmme den tilsigtede sociale bæredygtighed.

Rammebeløbets begrænsning af arkitektonisk kvalitet og bæredygtige helhedsløsninger kunne således med fordel adresseres til eksempelvis Landsbyggefonden. Landsbyggefonden burde i fremtiden have særlige finansieringspuljer, der kunne støtte det almene boligbyggeri specielt rettet på at fremme den helhedsorienterede bæredygtighed.

Viden og information

Der er fælles typiske træk, hvor den fornødne viden og information om bebyggelsernes bæredygtige tiltag ikke er blevet videregivet til beboerne, driftsadministrationen eller driftspersonalet på en måde, der har kunne understøtte intentionerne bag bæredygtigheden. Brugernes manglende viden og information viser således vigtige fælles mønstre på tværs af casene og kan dermed få afgørende betydning (signifikans), fordi de opstår på baggrund af heterogenitet.

Resultaterne viser, at årsagerne bl.a. har været manglende overdragelse af informationer og viden, manglende motivation, manglende tid samt at informationsmaterialet kun forelå på tysk, at informationsmaterialet ikke eksisterer eller er for kompliceret, eller at beboerne ikke læser informationsmaterialet, selvom det foreligger. Manglende viden og information har været en barriere for at få intentionerne bag bæredygtigheden til at fungere for brugerne.

Bæredygtige boliger har bl.a. forskellige teknologier, hvilket betyder, at beboerne ikke kan undlade at læse og forstå informationsmaterialet, medmindre det vil få negative konsekvenser i forhold til et forringet indeklima, øget energiforbrug m.v.

Det anbefales, at der udarbejdes et informationsmateriale, som gøres let forståeligt for beboerne - både som bog og i digitalt format, der eksempelvis kan tilgås med Smartphone.

Der bør udvikles nye interaktive- og digitale kommunikative løsninger om boligen samt de pågældende bæredygtige tiltag. Formålet er at gøre det nemmere for beboerne at få tilført viden om intentionerne bag bæredygtigheden. Det kunne væe nye løsningstiltag, hvor beboerne med en Smartphone "scanner" QR-koder, der er placeret på relevante steder i boligen for at få mere viden og information, som kan bidrage med at få bæredygtigheden til at fungere i driftsfasen.

QR-koden kunne eksempelvis være linket op til boligorganisationens hjemmeside eller uploadet som et YouTube-klip. I klippet kunne der være ansatte fra driftspersonalet eller fra driftsadministrationen, som tonede frem og eksempelvis informerede om den rette indstilling af en given teknologi.

Det anbefales, at driftspersonalet får tilført den fornødne viden og information ved hjælp af eksempelvis arkitekter, ingeniører eller andre relaterede rådgivende virksomheder med viden indenfor området, der kan understøtte den ønskede intention bag husenes bæredygtighed. Det bør i idriftsættelsesfasen sikres gennem eksterne samarbejdspartnere (arkitekterne, bygherrerådgiveren og bygherrens forretningsførelse), som over tid kan uddanne og dermed overføre den fornødne viden og information om bæredygtighed til driftsadministrationen og driftspersonalet.

Men det samme gælder også for beboerne. Man kunne eksempelvis supplere beboernes viden og informationsniveau gennem brugerinvolverende processer bistået af intern- eller ekstern faglig ekspertise. Blot fordi informationsmaterialet er trykt eller gjort digitalt tilgængeligt, er det ikke ensbetydende med, at driftsadministrationen rent faktisk også har sikret sig en videns- og informationsoverførelse til beboerne.

Der bør allokeres flere ressourcer til en involvering af brugerne. Der foreslås, at nye bæredygtige bebyggelser får tilknyttet en "boligsocial-miljømedarbejder", der i driftsfasen har tid til at understøtte beboernes adfærd for at fremme den miljømæssige bæredygtige diskurs. En "boligsocial-miljømedarbejder" kunne støtte den tekniske afdeling og driftsadministrationen samt tage sig af det processuelle brugerne imellem. Den "boligsociale-miljømedarbejder" kunne med fordel også have en tværgående funktion, således at den processuelle hjælp tilflød andre almene boligbebyggelser.

Denne "boligsociale-miljømedarbejder" kunne bidrage med gode råd, hjælp og vejledning til beboerne ift. rækkehusenes bæredygtige tiltag. Argumentet er, at denne løsning kunne styrke det sociale fællesskab. Endvidere kunne man forestille sig, at arkitekterne og andre rådgivere, i samspil med en "boligsocial-miljømedarbejder", fortløbende iværksatte orienteringsmøder f.eks. ved at give beboerne gode råd om besparelser på el-, vand- og varmeforbrug. På den ene side kunne denne løsning understøtte intentionerne med bæredygtigheden, men på den anden side vil en ansættelse øge driftsomkostningerne. Pointen er, at brugernes besparelser skal stå mål med meromkostningen.

Bygherrerne bør fremadrettet stille krav om, at al form for informationsmateriale skal foreligge på dansk, og at dette krav er indskrevet i entreprisekontrakten. Derudover kunne bygherrerne fremadrettet stille større krav til både entreprenører og rådgivere for at sikre en mere kvalificeret overførelse af viden og information i idriftsættelsesfasen til de tre brugergrupper vedrørende de bæredygtige teknologier m.v.

Det kunne eksempelvis være gennem tillægsydelser i rådgiver- og entreprisekontrakterne, der definerer retningslinjer og krav for en professionel "overleveringsforretning" af den fornødne viden og information. Det er værd at notere, at de tre brugergrupper i den forbindelse kan have forskellige videns- og informationsbehov, hvorfor man med fordel kunne skræddersy tre forskellige programmer for at imødekomme en brugerfokuseret overlevering. Det kunne f.eks. afvikles som fortløbende "overleveringer" i takt med nye ansættelser i driftsadministrationen og blandt driftspersonalet.

Samtidig kunne man invitere beboerne til fortløbende informationsmøder i takt med, at nye beboere flytter til. Dette kunne arrangeres med et tidsinterval afhængig af nytilkomne beboere. Informationsmøderne kunne endvidere være i samarbejde og med deltagelse af nøglepersonerne fra henholdsvis driftsadministrationen og driftspersonalet. Argumentet for anvendelse af brugernes erfaringer er, at et fremadrettet øget samspil mellem bygherrerne, brugerne, entreprenørerne og rådgiverne understøtter den miljømæssige- og sociale bæredygtighed.

Narrativer og lokal kontekst

Under idriftsættelsen af specifikt "Økohus 99" var der ikke den store interesse i lokalsamfundet for det nye eksperimentielle bæredygtige boligbyggeri og den moderne arkitektur. Man kan ikke se bort fra, at negative narrativer har det med at vokse sig store. Endvidere at de negative narrativer har haft en medvirkende rolle i forhold til, at den miljømæssige- og sociale bæredygtighed ikke har fungeret efter hensigten.

Hvorfor opstod eksempelvis metaforen og narrativet "*Øko-light*"? På den ene side var boligorganisationen og driftsadministrationen uden indflydelse under programmeringen og idéudviklingen. Der var samtidigt sparerunder, hvor bæredygtige tiltag aldrig blev etableret, da projektøkonomien ikke kunne overholde rammebeløbets forhøjede økonomiske loft. Man kan på den ene side argumentere for, at boligforeningens manglende indflydelse på projektet bidrog til narrativet "*Øko-light*". På den anden side skyldtes den manglende brugerinvolvering fra initiativtagerens, det forretningsførende boligselskab og fra kommunes side muligvis manglende viden om, hvilken negativ betydning det har for brugerne ikke at blive "set og hørt" på det rette tidspunkt.

Undersøgelsens resultater viser, hvor komplekst det er, når "hovedstaden" og "provinsen" har et uhensigtsmæssigt samarbejde. Det er ærgerligt, hvis de gode intentioner om at skubbe til en bæredygtig udvikling strander på basis af manglende brugerinvolvering med mytedannelse og negative narrativer til følge.

Lokal traditionel kultur og negative narrativer om bæredygtigt byggeri kan således blive barrierer for den sociale- og miljømæssige bæredygtige diskurs. Pointen er, at brugerne ikke bør blive overset gennem et asymmetrisk kultur- og kontekstbetinget magtforhold. Der bør i stedet rettes opmærksomhed på etablering af en ligeværdig og inkluderende samarbejdsrelation mellem forretningsførelsen og den lokale boligorganisation.

Initiativtagere og forretningsførere, bør tidligt i processen, iværksætte grundige undersøgelser af den lokale kontekst, beboergrundlaget, beboernes interesser, beboernes livsstil, de tre brugergruppers forventningsafstemning til bæredygtighed, beboernes adfærd samt beboernes boligmønstre.

Det anbefales, at der etableres en brugerinvolvering tidligt i processen for at modvirke eventuelle mytedannelser.

Derudover bør man ikke undervurdere arkitekturanmeldernes samt pressens eventuelle negative omtale af et eksperimenterende byggeri og dets efterfølgende negative indflydelse på brugerne og den lokale kontekst. Boligorganisationerne bør have en strategi i forhold til håndtering af pressen og anmeldelser.

Göteborg Plads
Havneby og Sveriges nærstørste by

Æstetik

For arkitekter kan boligernes æstetik i sig selv være en dimension af bæredygtighedsbegrebet. Arkitekter kan tegne boliger, hvor intentionen med arkitekturen derfor ikke udelukkende handler om f.eks. et lavenergibyggeri, hvor beboerne skulle spare energi. Intentionen bag bæredygtighed refererer til en tolkning af bæredygtig arkitektur, hvor arkitekturen "skal give noget tilbage til beboerne". Det uddybes ved, at æstetikken ses som en værdisætning i sig selv og en udlægning af "det gode liv" - her defineret som et bidrag til den sociale bæredygtighed.

Den almene sektor har en historisk lang tradition for at inddrage dygtige arkitekter i udviklingen af alment boligbyggeri med en lang række eksempler på alment boligbyggeri af høj arkitektonisk- og æstetisk kvalitet. Men bæredygtige almene boliger bør være bundet op på mere end billeder. Det begrundes med, at bæredygtig arkitektur også bør omhandle begreberne *brugbarhed* og *holdbarhed* for derigennem at fremme brugerens værdisætning af den sociale bæredygtighed.

Der argumenteres således for, at arkitektonisk kvalitet, herunder også arkitekturens æstetik, bør indgå i udviklingen af fremtidige almene bæredygtige boliger. Som en løsningsmodel for udvikling af den arkitektoniske kvalitet i bæredygtige almene boliger, kunne bygherren med fordel, udover æstetikken, fremadrettet stille krav om brugbarhed og holdbarhed i vægtningen af arkitektkonkurrencer. Man kunne for det første rette fokus på anvendelse af byggematerialernes genanvendelse ift. holdbarhed for derigennem at kunne bidrage til mere miljømæssig bæredygtighed.

Det anbefales, at bygherren, i samarbejde med brugergrupperne, har større fokus på boligernes brugbarhed, når nye byggerier skal udvikles. Det kunne eksempelvis være med inddragelse af andre brugeres erfaringer fra forskningsbaseret evaluering af bæredygtigt boligbyggeri. Man kan argumentere for, at en større brugbarhed fremmer den sociale bæredygtighed.

Man kunne eksempelvis forestille sig, at bygherren i samarbejde med brugergrupperne, inddrog forskningsbaseret erfaringer fra brugerne i forhold til udnyttelse af boligens etageplaner (f.eks. møblering og ganglinjer) samt erfaringer med anvendelse af teknologier (f.eks. ventilationsanlæg, solafskærmning, varmeanlæg og solceller).

Derudover kunne man pege på at inddrage vurderinger fra både arkitekter og brugere med hensyn til erfaringer (og oplevelser) med danske almene boligers æstetik.

Hvordan påvirker æstetikken beboerne? Hvordan er brugerens *oplevelse* af arkitektur? Hvordan kan man opfylde brugernes behov på det punkt? Det peger på nye undersøgelser for at få ny viden.

Teknologi

Der er ligheder i alle tre bebyggelser med hensyn til implementering af komplicerede bygningsintegrerede teknologier, som har til hensigt at sikre beboerne et godt indeklima. Det har samtidig til hensigt at fremme den miljømæssige- og sociale bæredygtighed. Men omfanget og kompleksiteten af de teknologiske løsninger har været for ambitiøst. Bæredygtigheden fungerer dermed ikke for beboerne, driftspersonalet og driftsadministrationen.

Resultaterne viser, at arkitekturen er afhængig af en overkompliceret teknologi, hvor brugernes signifikante resultater viser en sammenhæng, der hverken har understøttet den planlagte miljømæssige- eller sociale bæredygtighed i driftsfasen.

Årsagerne har bl.a. været, at beboerne, driftspersonalet og driftsadministrationen ikke kender til teknologierne og funktionaliteten, at der har været konstateret fejl i teknologien, at teknologierne ikke har været korrekt indstillet ved idriftsættelsen samt, at beboerne bruger teknologierne forkert. Følgevirkningerne er bl.a. et øget energiforbrug, hvilket kan have påført beboerne uretmæssige ekstraomkostninger under driftsfasen.

Derudover har følgevirkningerne været, at der er beboere, grundet modvillige, som har udviklet en adfærd, der arbejder imod teknologierne. Kompleksiteten med f.eks. selvregulerende varmestyring- og ventilation bør i stedet hovedsageligt styres automatisk.

Resultaterne peger på vigtigheden, af at beboerne arbejder med rutiner i samspil med de klimatiske årstidsvariationer for at få boligernes indeklima til at fungere.

Man kunne med fordel undersøge brugernes "elementære livsvilkår" sammenkædet med en "direkte afhængighed af en intelligent udnyttelse af naturens ressourcer og de givne klimatiske betingelser" som kontekstafhængige parametre ved udviklingen af fremtidens danske almene bæredygtige boliger.

Man kunne i udviklingen af fremtidige bæredygtige almene boliger med fordel anvende brugernes erfaringer for at fremme brugertilfredsheden ved eksempelvis at gøre teknologierne mere kontekstuafhængige, hvad angår bygningsintegrerede teknologier og dets afhængighed af en given lavenergibygningskonstruktion.

Man kan anbefale, at der anvendes enklere arkitektoniske- og teknologiske løsninger med større mulighed for beboernes individuelle regulering af boligens indeklima. Pointen er, at udformningen af bæredygtige almene boliger bør gå "hånd-i-hånd" med brugertilfredsheden. Her kunne mere enkle arkitektoniske- og teknologiske løsninger med fordel være et bidrag mod en mere modstandsdygtig arkitektur (resilient) og dermed en mere brugerorienteret bæredygtig arkitektur.

Synliggørelse og adfærd

I "Økohus 99" har der specifikt været en intention om at bevidstgøre beboerne om deres energiforbrug. Det er sket gennem synliggørelse af energimålere til fordel for miljømæssig bæredygtighed. Synliggørelsen var tænkt som en adfærdsregulator af beboernes energiforbrug. Men forbrugstallene viste, at den adfærdsregulerende foranstaltning ikke har fungeret efter intentionen. Synliggørelse af energiforbrug er således, specifikt i "Økohus 99", ikke en løsningmodel, der har fungeret med henblik på at fremme den miljømæssige bæredygtighed.

En løsningsmodel kunne eksempelvis være, at megen energi kunne spares, ved at brugerne vidste mere om intentionerne bag byggerierne og måske samtidigt kunne nedsætte beboernes krav til komfort. Dette kunne styrkes ved oprettelse af en særlig miljøkonsulentfunktion i boligforeningerne og boligselskaberne. En "boligsocial-miljømedarbejder" kunne involvere beboerne med intention om at nedbringe forbruget af vand, el eller varme.

Man kunne endvidere foreslå, at rækkehusblokkene indbyrdes

konkurrerede om at have det mindste vandforbrug, energiforbrug, elforbrug, affald el.lign. "Belønningen" kunne være i form af et artefakt, der synliggøres i bebyggelsen, f.eks. at man hejste et grønt flag.

I forhold til registrering af beboernes energiforbrug er der typiske træk på tværs af de undersøgte bebyggelser, hvor det, ifølge persondataloven, ikke er lovligt at indhente beboernes forbrugstal uden deres accept. Det er dermed ikke, uden tilladelse, retmæssigt muligt for hverken driftsadministration, driftspersonale eller rådgivere at følge med i hverken energiforbrug, elforbrug, fjervarmeforbrug el.lign. i de enkelte boliger.

Hverken driftsadministrationen, driftspersonalet eller rådgiverene kan derfor ikke "bare" evaluere på disse bæredygtige tiltag med henyn til forbrugstal, medmindre man gør sig den ulejlighed at opfylde de lovmæssige krav. Dette signifikante fællestræk bør medtages, når der udvikles nye bæredygtige almene boliger, således at man undgår, at der foregår "krumspring" for at komme uden om gældende lovgivning. Lovgivningen på dette område kan i modsat fald blive en barriere for evalueringsarbejdet og erfaringsudvekslingen i forhold til den miljømæssige bæredygtighed.

Der er en høj grad af kompleksitet, som har indvirkning på beboernes adfærd med henblik på at mindske deres energiforbrug. Man bør samtidig have respekt for beboernes egne valg og ønske om levevis, der ikke nødvendiges fremmer den miljømæssige bæredygtighed. Det peger samtidig på et paradoks; hvis man ikke formår at mindske beboeres energiforbrug, hvordan er det så muligt at fremme den miljømæssige bæredygtighed?

Tilgængelighed, sikkerhed og tryghed

Af de tre udvalgte bebyggelser er der en specifik iagttagelse i "Grøndalsvænge", hvor man har valgt at bygge boligmoduler til børnefamilier i tre etager. Årsagen til, at man har valgt at bygge en bolig til en børnefamilie af præfabrikerede moduler i tre etager, er den økonomiske interesse i projektets billiggørelse for at imødekomme kravet om at bygge billige almene boliger i byområderne.

Men for beboerne er en bolig i tre etager ikke en løsning - i forhold til tilgængelighed - der fungerer for en børnefamilie. Beboerne begrunder det med, at det levede liv hovedsageligt foregår i de to nederste etager, og den tredje etage er en upraktisk løsning, når man har børn. Samtidig viser brugernes erfaringer, at de indvendige trapper, der forbinder etagerne, ikke erfares som børnevenlige, da de er for stejle, især når man går ned ad dem. Trapperne udgør således en sikkerhedsrisiko og gør forældrene utrygge.

De stejle trappeløsninger i den treetagers boligtype imødekommer ikke beboerenes ønske om tilgængelighed, sikkerhed og tryghed. Der er således argumenteret for, at boligernes manglende tilgængelighed, sikkerhed og tryghed repræsenterer en social bæredygtighed, der ikke fungerer for beboerne under driftsfasen.

Er det muligt at finde trappeløsninger, som kan tilgodese både bygherrens ønske om boligernes billiggørelse og beboernes ønske om sikre trapper? Hvilken glæde har man af at producere og bygge almene boliger med trappeløsninger, som gør beboerne unødige utrygge?

Man kunne, med afsæt i brugernes krav om bedre tilgængelighed og bygherrens interesse i billiggørelse, videreudvikle AlmenBolig+ konceptet, med det formål at videreudvikle trappeløsninger der både er gode at gå på og samtidig kan indpasses i modulbyggeriet.

Det anbefales at afdække erfaringerne med trappeløsninger fra andre AlmenBolig+ projekter for at imødekomme kravet om tilgængelighed.

Man kunne udvide opsamlingen med erfaringer fra andre boligprojekter i Danmark og udlandet, der på tilsvarende vis har bygget boligprojekter med lette præfabrikerede volumenelementer.

En løsning kunne eksempelvis være anvendelse af treløbstrappen med hjørnereposer, men også andre trappeløsninger kunne være interessante at undersøge.

For at opsummere er der blevet argumenteret for en fortsat udvikling af de præfabrikerede moduler i én- og to etager, så de kan produceres med samme standard og prisniveau for derigennem at pege på løsninger, der kan fremme tilgængelighed, sikkerhed og tryghed som social bæredygtighed i driftsfasen.

Kommunikation

Der tegner sig et billede af typiske træk mellem "Lærkehaven III" og "Grøndalsvænge", hvor den tværgående kommunikation ikke har fungeret imellem driftsadministrationen, driftspersonalet og beboerne, når der opstår problemer i driftsfasen.

I udviklingen af fremtidige bæredygtige almene boliger kunne man anbefale en løsning, hvor boligforeningen - allerede i idéfasen - fik råd og vejledning via driftsrelaterede it-kommunikationsvirksomheder for at sikre en digital kommunikation rettet mod brugerne.

Det anbefales, at man opretter en digital platform for kommunikation, hvor driftsadministrationen, driftspersonalet og beboerne kan dele deres erfaringer under driftsfasen. Det kunne enten være via boligforeningens hjemmeside, Facebook el.lign.

Det anbefales endvidere, at beboerne fysisk kontakter sin nabo, genbo el.lign. for at finde en farbar løsning i forhold til driftsmæssige problemer, i stedet for at man "offentligt" hænger andre beboere ud på Facebook.

Man bør arbejde med løsningsmodeller, der sikrer de ressource-

svage beboers tilkobling til kommunikationsfællesskabet og den afgørende viden om boligen under driftsfasen. En løsning kunne være, at der blev indgået et samarbejde med en boligsocial medarbejder, der gennem en inddragende proces kunne inspirere og understøtte denne beboergruppes sociale sammenhængskraft med tilkobling og anvendelse af det fælles sociale medie - for derigennem at fremme den samlede bebyggelses tredelte forståelsesmodel af bæredygtighedsbegrebet i driftsfasen.

Facebook er et socialt kommunikationsmedie, hvor beboerne specifikt i "Grøndalsvænge" har oprettet Facebook-grupper med forskellige udvalg samt en byttecentral af brugt børnetøj, barnevogne m.v. Der er blevet argumenteret for, at det virtuelle Facebook-fællesskab derved bidrager til det fysiske fællesskab, fællesgørelsen, deleøkonomi og omfordeling. Det er, når Facebook bliver anvendt konstruktivt, hvilket understøtter den sociale bæredygtighed.

Udfordringen er dog, at de ressourcesvage beboere typisk ikke er på Facebook. Konsekvensen kan blive, at disse beboere bliver frakoblet vigtig viden, frakoblet omfordelingen og frakoblet fællesgørelsen. Det hævdes, at de ressourcesvage beboere dermed udfordrer den økonomiske-, miljømæssige- og sociale bæredygtighed. Det er et fokusområde, man bør adressere til bygherren og boligorganisationen i udviklingen af kommende almene bæredygtige boligprojekter.

Et lokalt internetbaseret kommunikationsinitiativ understøtter en forankret bæredygtig udvikling. "Grøndalsvænge" er karakteriseret ved mange forskellige løsninger, hvor også kommunikation understøtter den økonomiske-, miljømæssige- og sociale bæredygtighed.

Fællesskab
og privathed

I "Økohus 99" og "Lærkehaven III" er der, gennem bebyggelsernes landskabsdisponering og rækkehusenes disponering, etableret fælles- og private opholdsarealer for at imødekomme fællesskabet og privatheden for beboerne samt fremme den sociale- og miljømæssige bæredygtighed.

Der er blevet etableret fællesarealer med eksempelvis volde, sti-forløb, grillpladser, vandkanaler, regnvandsopsamlingssø, vildtvoksne planter, rodzoneanlæg, græsarealer, fælles altangange og fælleshuse. Privatheden er, for alle tre cases, forsøgt imødekommet gennem etablering af enten private tagterrasser eller private små for- og baghaver afskærmet af hække eller hegn.

Det peger på, at man kan anvende brugernes erfaringer i udviklingen af fremtidige bæredygtige almene boliger, med henblik på at lade sig inspirere af de landskabelige disponeringer og kvaliteter fra "Økohus 99". Her er det lykkedes at skabe et levende miljø i form af forskellige vandelementer, træer og dyreliv, hvilket fungerer positivt i forhold til den miljømæssige- og sociale bæredygtighed.

I "Lærkehaven III" er legepladsen et sted, hvor børnefamiliernes sociale fællesskab er velfungerende. Legepladsen tiltrækker børn og voksne fra det omkringliggende villakvarter og repræsenterer dermed en velfungerende social bæredygtighed med "fangarme" til det omkringliggende lokalsamfund.

De private gårdhaver i "Lærkehaven III" er velfungerende for beboerne. Beboerne værdsætter dét at kunne være private bag gårdhavens hegn. Gårdhaven har en tryghedsskabende funktion, men beboerne så gerne, at der var større afstand mellem rækkehusene for at mindske indbliksgenerne til den private gårdhave. Der er argumenteret for, at den private gårdhave overordnet repræsenterer social bæredygtighed, som er velfungerende for beboerne.

Det foreslås, at nye bebyggelsesplaner ikke har en så høj udnyttelsesgrad, men at der etableres større indbyrdes afstand mellem husblokkene. Det vil imødekomme beboernes indbliksgener og beboernes behov for privathed, og dermed opnås social bæredygtighed.

Man kan med fordel etablere små private og afskærmede gårdhaver for derigennem at imødekomme beboernes behov for privathed, og dermed opnås social bæredygtighed.

Man kan arbejde mere intenst med rækkehusenes indbyrdes forskydninger, facadeåbningernes forskydninger, analyse af sigtelinjer og skyggediagrammer for derigennem at imødekomme beboernes kritik i forhold til indbliksgener og manglende privathed. Det gælder også for "Grøndalsvænge". Det kan understøtte den sociale bæredygtighed.

Der bør tages højde for de maskiner, som driftspersonalet arbejder med, når fællesarealer skal plejes for at imødekomme driftspersonalets arbejdsrutiner og arbejdssikkerhed. Det kan understøtte den sociale bæredygtighed. Årsagerne er bl.a., at maskiner ikke kan anvendes overalt samt at stier og trappeforløb er vanskelige at vedligeholde. Det medfører, at driftspersonalet bruger uforholdsvis lang tid på at vedligeholde fællesarealerne.

En løsning kunne være at overlade fællesarealerne til beboernes egen råderet for at imødekomme beboernes demokratiske ret til medbestemmelse over andelen af de fælles- og private arealer. Det kan understøtte den sociale bæredygtighed.

Boliger med fælles altangange skal være orienteret til solsiden og samtidig være så dyb med en "for-zone", som beboerne kan "erobre" som et semi-privat forareal. Det kan understøtte den sociale bæredygtighed.

Man bør sikre etablering af en centralt beliggende legeplads med flere bænke til forældrene. Legepladsen bør placeres, så forældrene kan holde øje med børnene fra køkkenvinduet, når de f.eks. står og laver mad. Det kan understøtte den sociale bæredygtighed.

Ved etablering af fælleshuse, bør man sikre en mulighed for plads til overnattende gæster. Lejen af fælleshuset bør endvidere være så tilstrækkelig lav for at sikre, at fælleshuset ikke står ubenyttet hen. Det kan understøtte den sociale bæredygtighed.

Endelig kan man med fordel etablere et fælles redskabskur til de redskaber, som beboerne anskaffer individuelt f.eks. græsplæneklipper og kantklipper. Det kunne evt. disponeres som en del af fælleshuset. Det kan understøtte den sociale bæredygtighed.

Øget selvforvaltning

En specifik iagttagelse i "Grøndalsvænge" er, at bygherrens grundlæggende intention bag AlmenBolig+ konceptet påhviler beboerne en øget selvforvaltning af de drifts- og vedligeholdelsesmæssige opgaver i driftsfasen.

Der er overordnet intention om, at den øgede selvforvaltning i AlmenBolig+ kan give beboerne en driftsbesparelse på op imod 30 %. På den ene side er den øgede selvforvaltning en kontraktmæssig præmis for alle beboere i AlmenBolig+. Det vil sige, at alle beboerne skal bidrage til den øgede selvforvaltning. På den anden side har den øgede selvforvaltning især fungeret for de ressourcestærke beboere.

Det peger på, at øget selvforvaltning har bidraget positivt, hvad angår den sociale bæredygtighed. På den anden side viser resultaterne, at en stor andel af de ressourcesvage beboere ikke bidrager til den øgede selvforvaltning af fællesarealer og egen bolig. Der er en bekymring blandt beboerne for de eventuelle økonomiske konsekvenser, som en udbedring af misvedligeholdte boliger vil påføre afdelingsfællesskabet.

Det paradoksale er, at driftsadministrationen ikke har den fornødne viden bl.a. i forhold til boligernes teknologier, hvilket medfører, at beboerdemokratiet er afhængig af indkøb af eksterne service- og rådgiverydelser for at få bebyggelsen til at fungere. Den øgede selvforvaltning har ikke fungeret ift. at opnå en driftsbesparelse på op imod 30 % i driftsfasen. Hvor blev den økonomiske besparelse på 30 % af?

Resultaterne viser, at selv de ressourcestærke børnefamilier hverken har den fornødne tid, kompetencer og motivation til at imødekomme kravet om øget selvforvaltning. Den tilsigtede besparelse er dermed udeblevet.

Den øgede selvforvaltning gælder også for afdelingsbestyrelsen, der skal varetage de funktioner, som et driftspersonale traditionelt skulle varetage. Der bliver på den ene side argumenteret for, at beboernes øgede indflydelse på deres lokalområde bidrager til den sociale bæredygtighed, men på den anden side brænder afdelingsbestyrelsesmedlemmerne hurtigt ud. Derudover ønsker afdelingsbestyrelsesmedlemmerne ikke at optræde som "politimænd" overfor de øvrige beboere. Skal afdelingsbestyrelsen være bebyggelsens "politimænd"?

Undertegnede vurderer, at den øgede selvforvaltning, som udgangspunkt, kan understøtte en økonomisk-, miljømæssig- og social bæredygtighed. Man skal være påpasselig med at gennemføre så tilpas store ændringer, da det i sidste ende er beboerne, der bestemmer, om det kommer til at fungere.

Omdannelse

Der tegner sig på tværs af de tre bebyggelser et mønster af, at beboerne benytter deres demokratiske ret til at kunne omdanne deres lokalområde og indvendigt i deres egne boliger. Der er blevet argumenteret for, at beboernes demokratiske medbestemmelsesret ift. beboernes egne boliger og deres lokalområde indskriver sig som social bæredygtighed. Omvendt kan beboernes beslutninger til omdannelse gå imod intentionerne om miljømæssig-, økonomisk- og social bæredygtighed.

Der er fælles mønstre mellem "Økohus 99" og "Lærkehaven III", hvor beboerne har omdannet de fælles udearealer til små private for- og baghaver. Der er specifikt i "Økohus 99" forslag til omdannelser, som går på udskiftning af de indvendige rustikke ubehandlede materialer og -overflader til eksempelvis traditionelle malede køkkenelementer. Eller omdanne "solhuset" til et andet formål end tiltænkt med henyn til den bæredygtige zoneopdelte bolig.

Der argumenteres for, at en fortsat opretholdelse af beboernes medbestemmelsesret i forhold til omdannelser i deres lokalområde og indvendigt i deres egne boliger som en diskurs, der fremmer den sociale bæredygtighed. Omvendt fremstår beboernes medbestemmelsesret som et dilemma, da det kan underminere de oprindelige tanker bag bæredygtige almene boliger.

Begrebet "fleksibilitet" og "gør-det-selv" er specifikt i "Grøndalsvænge" et forsøg på at formalisere beboernes mulighed for omdannelse af beboernes egen bolig. I AlmenBolig+ princippet er der frihed til, at beboerne kan indrette egen bolig. Beboerne kan vælge at opsætte andre køkkener, forandre badeværelset, etablere et ekstra badeværelse eller opsætte ekstra indvendige vægge.

Brugernes erfaringer viser dog, at selve fleksibiliteten er relativ, da ændringerne i boligen til et vis omfang bliver stationære og dermed ikke fleksible i forhold til de næste lejere, der flytter ind.

Der argumenteres for, at de beboere, der flytter ind som de første, har således en særlig mulighed for at præge boligen og et særligt incitament, da de kan få det investerede beløb refunderet ved fraflytning. Der bliver hævdet, at bygherrerens intentionen om at skabe billige boliger reelt kun imødekommes for de første lejere, idet huslejen efter moderniseringer øges for de efterfølgende lejere. De første lejeres mulighed for godtgørelse ved fraflytning vil akkumulere en huslejestigning for nye lejere, med risiko på sigt for at udgøre en barriere bag principperne om at kunne tilbyde billige almene boliger.

Denne problemstilling bør adresseres til bygherren ved udviklingen af fremtidige bæredygtige almene boliger, således at "gør-det-selv" i driftsfasen, som fremmer af brugeres sociale bæredygtighed, ikke underminerer de almene boligselskabers fremadrettede muligheder for at tilbyde billige boliger gennem AlmenBolig+.

Afrunding

Den almene sektor har en lang traditionsrig historie med at bygge billige boliger af en høj arkitektonisk kvalitet med værdi for dets brugere og omgivende samfund.

Man vil således med fordel kunne adressere en lang række af resultaternes praksisnære og anvendelseorienterede relevans for både arkitekter og den almene sektor.

Resultaterne viser især, hvilken afsmittende virkning social bæredygtighed har på den miljømæssige- og økonomiske bæredygtighed, når bæredygtighed ikke fungerer i praksis.

Overordnet peger forskningsresultaterne i retning af en mere helhedsorienteret forståelse af de komplekse parametre og processer, der gør sig gældende i forhold til brugere, bæredygtighed og dansk almen boligarkitektur.

Fotos

Alle fotos er taget af forfatteren.

Omslag	"Vulkanen". Ungdomsboliger. Århus Havn.
Side 2	"Vulkanen". Ungdomsboliger. Århus Havn.
Side 6	"Vulkanen". Ungdomsboliger. Århus Havn.
Side 10	"Arenakvarteret". København.
Side 12	"Økohus 99". Ikast. / "Lærkehaven III". Lystrup. / "Grøndalsvænge". København.
Side 14	"Grøndalsvænge", København.
Side 17	"Lærkehaven III". Lystrup.
Side 18	"Arenakvarteret". København.
Side 20	"Sluseholmen". København.
Side 24	"Århusgadekvarteret". København.
Side 26	"Margretheholm". København.
Side 29	"Århusgadekvarteret". København.
Side 30	"Margretheholm". København.
Side 33	"Arenakvarteret". København.
Side 34	"Havneholmen". København.
Side 37	"Århusgadekvarteret". København.
Side 38	"Margretheholm". København.
Side 41	"Århusgadekvarteret". København.
Side 45	"Århusgadekvarteret". København.
Side 46	"Margretheholm". København.
Side 48	"Økohus 99". Ikast.
Side 52	"Grøndalsvænge". København.
Side 55	"Århusgadekvarteret". København.
Side 56	"Grøndalsvænge". København.
Side 59	"Arenakvarteret". København.
Side 61	"Ørestad Plejecenter". København.
Side 62	"Århusgadekvarteret". København.

Jan Johansson (f.1963) er uddannet arkitekt fra Kunstakademiets Arkitektskole i København. Jan Johansson er free-lance underviser, forsker og formidler med speciale i bæredygtig arkitektur. Han har skrevet Ph.d.-afhandlingen "Bæredygtighed i danske almene boliger - med et brugerfokus".

Han har været ansat på tegnestuer, og arbejdet som projektleder, bygherrerådgiver og projektudvikler. Jan Johansson har i en lang årrække været lektor ved Forskning & Innovation og underviser på bygninskonstruktøruddannelsen hos KEA-Københavns Erhvervsakademi.

Han har i internationale sammenhænge været gæstelærer ved arkitektskolen i Milano og ved workshops om bæredygtig arkitektur i bl.a. Rom, Jerusalem, Milano, og København.

Jan Johansson fik i 2017 tildelt ph.d. graden i arkitektur ved Kunstakademiets Arkitektskole. Han er medlem af formandskabet af lektorbedømmere udpeget af Uddannelses- og Forskningsministeriet. I nordisk regi har han deltaget i flere Nordic Built programmer i samarbejde med øvrige nordiske forskningsinstitutioner.

Forskningen i bæredygtig arkitektur har givet anledning til foredrag for danske virksomheder og ved internationale konferencer i England, Spanien, Italien, Portugal, Norge og Danmark.

Jan Johansson har modtaget legater fra EU - Smart Energy Regions, Cost Action, STSM, EU - Erasmus, Staff Mobility Teaching, Margot & Thorvald Dreyers Fond og Lemvigh-Müller Fonden.

"Anbefalinger til udvikling af bæredygtighed i almene boliger" er udgivet i forlængelse af bogen "Evaluering og arkitektur - brugere, interview, analyse og fænomenologi" af samme forfatter.

Jan Johansson kan kontaktes på mail@janjohansson.dk i forbindelse med foredrag og rådgivning i forbindelse med udvikling af bæredygtige tiltag i det bebyggede miljø med fokus på brugerne i alment byggeri, andelsboliger, seniorfælleskaber m.v.